RESPONSE A L'ESCRIT

QVE MONSIEVR ARNAVLD a fait presenter aux Docteurs de la Sacrée Faculté de Theologie, assemblez en Sorbonne pour la Censure de sa seconde Lettre.

Par le Sieur DE MARANDE' *Conseil mosnier du Roy.*

A PARIS,

Chez SEBASTIEN CRAMOISY, Imprimeur du Roy: Et GABRIEL CRAMOISY, ruë S. Iacques aux Cicognes.

M. DC. LV.

RESPONSE

A L'ESCRIT

QVE MONSIEVR ARNAVLD

se disant Docteur de la Sorbonne, a publié depuis peu en Corps,
&c. pour la Cabale de la Fronde, &c.

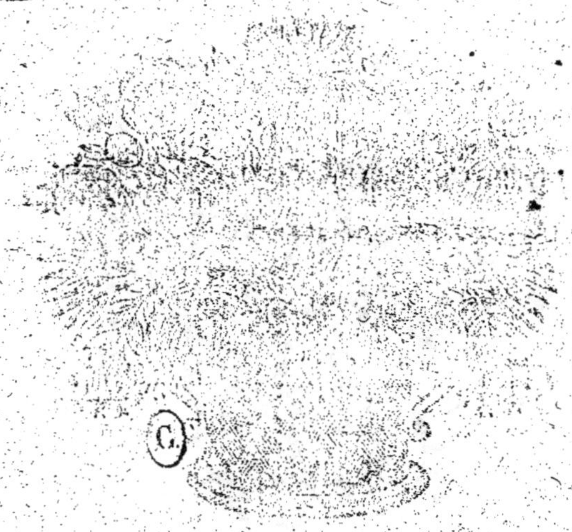

A PARIS,

Chez Sebastien Cramoisy, Imprimeur du Roy
Et Gabriel Cramoisy, rue S. Iacques.

M. DC. L.

RESPONSE A L'ESCRIT

que Monsieur Arnauld a fait presenter aux Docteurs de la Sacrée Faculté de Theologie, assemblez en Sorbonne pour la Censure de sa 2. Lettre.

PROPOSITION DE MONSIEVR ARNAVLD contenuë dans sa 2. Lettre page 226.

Cette grande verité establie par l'Euangile & attestée par les Peres, qui nous monstre vn iuste en la personne de S. Pierre, à qui la grace sans laquelle on ne peut rien, a manqué, dans vne occasion où l'on ne peut pas dire qu'il n'ait point peché, est deuenuë tout d'vn coup l'heresie de Caluin.

MONSIEVR Arnauld ayant veu que cette proposition par luy auancée dans sa 2. *Lettre,* estoit iugée heretique par les Examinateurs de la Sacrée Faculté de Theologie, s'est mis en deuoir de la defendre contre cette censure, par vn escrit adressé aux Docteurs de cette Faculté, (qui depuis trois iours m'est tombé entre les mains) & de la soustenir pour Catholique : Il s'est donc efforcé de prouuer par les Peres qu'elle estoit orthodoxe, & d'eluder en mesme temps la condamnation portée par le S. Concile de Trente dans le Canon 18. de la sixiéme session, conceu en ces termes, *Si quelqu'vn dit que les preceptes diuins sont impossibles à l'homme iuste & en estat de grace, qu'il soit anatheme.* Le moyen apparent dont il se sert pour éuiter cette

Trident. sess. 6. can. 18.
Si quis dixerit Dei præcepta homini etiam iustificato & sub gratia constituto esse ad obseruandum impossibilia, anathema sit.

cenfure, eft, dit-il, que ce Canon n'eft relatif qu'à l'herefie de Caluin, qui difoit que les iuftes n'accompliffoient iamais les preceptes, quelque grace & quelque volonté qu'ils euffent de le faire ; & qu'ainfi ce Canon ne condamne que l'herefie de Caluin, & non pas la propofition cy-deffus alleguée & contenuë dans fa Lettre.

Mais pour fatisfaire pleinement & fuccinctement à Monfieur Arnauld, il me fuffit de luy prouuer trois chofes : la premiere, que fa propofition eft condamnée d'herefie non feulement par les Saints Peres auant le Concile de Trente, mais encore par ce mefme Concile, & par la Bulle d'Innocent X.

La feconde, qu'il ne prouue point fa propofition par l'Euangile ny par les Peres.

La troifiéme, que les perilleufes confequences qui peuuent naiftre de fa propofition, la rendent pareillement condamnable. Suiuons par ordre ces trois points.

Novs difons à l'égard du premier, que le Canon 18. eft non feulement relatif à l'herefie de Caluin, mais eft encore relatif au chapitre onziéme de la mefme Seffion, dans lequel les Peres de ce Concile nous marquent trois chofes qui font bien confiderables.

La premiere eft, que *perfonne pour iufte qu'il puiffe eftre, ne doit pas prefumer qu'il foit iamais affranchy de l'obferuance des preceptes diuins ;* cette fentence eft rebatuë & expliquée dans le Canon 20. de cette feffion, contre l'erreur de Caluin, qui fouftenant que les preceptes diuins eftoient impoffibles à l'homme iufte, iugeoit auffi par vne fuite neceffaire, que le iufte n'eftoit point obligé de les garder. Cet heretique nous témoignant en cela qu'il eftoit moins cruel, & plus equitable que Ianfenius & Monfieur Arnauld fon difciple, qui veulent que le iufte parfois foit obligé de garder le precepte, dans vn temps où il luy eft impoffible de le garder, par le refus que Dieu luy fait de la grace fans laquelle on ne peut rien.

La seconde est de plus grande importance que la premiere, dans le fait dont il s'agit à present entre nous & Monsieur Arnauld; Car les Peres de ce Concile defendent à toute personne à l'auenir *d'estre si ozée que de dire ou d'auancer ces paroles temeraires, condamnées par les SS. Peres sous peine d'anatheme, sçauoir est que les preceptes diuins sont impossibles à garder à l'homme iuste;* ce qu'ils prouuent par les propres paroles de S. Augustin. *Car Dieu*, disent ils, *ne commande pas des choses impossibles, mais en commandant il aduertit de faire ce que tu peux, & de demander ce que tu ne peux pas, & il t'aide afin que tu le puisses.* Or la fausse proposition qui enonce que *les preceptes diuins sont impossibles à l'homme iuste*, est vne proposition frapée d'anatheme par les Peres de l'ancienne Eglise, & heretique selon la doctrine & la tradition des SS. Peres, auant mesme que Caluin l'eust renouuellée; d'où il s'ensuit que l'ancienne Censure des SS. Peres contre cette proposition, est vne verité generale, qui ne condamnoit pas seulement l'heresie naissante de Caluin, auant que l'Eglise se fust mise en deuoir de condamner cet heretique, mais qui condamne encore toute autre fausseté, qui luy pourroit estre naturellement opposée & contraire; de mesme que la lumiere chasse & repousse dans le destroit de son actiuité, toutes les tenebres qui luy sont naturellement opposées.

Car ce Concile nous dit que l'erreur qui soustient que le precepte est impossible à l'homme iuste, est vne vieille erreur condamnée par les SS. Peres, & par consequent long-temps auant que Caluin fust au monde, en sorte que cet anatheme proferé par les SS. Peres, & partant par la tradition de l'Eglise dans tous les siecles, (car c'est ce qu'emporte ou signifie dans ce lieu la doctrine des Peres) n'est pas seulement relatif à l'erreur de Caluin, mais encore à toute autre erreur ou fausse proposition, qui dit ou qui dira iamais que la grace requise pour accomplir le precepte, manque par fois

A iij

Ibidem.
Nemo temeraria illa, & à Patribus sub anathemate prohibita voce vti, Dei præcepta homini iustificato ad obseruandum esse impossibilia: Nam Deus impossibilia non iubet, sed iubendo monet & facere quod possis, & petere quod non possis, & adiuuat vt possis.

au iufte dans le temps qu'il eft obligé de le garder, comme a fait Monfieur Arnauld en fa 2. *Lettre*, dans la propofition que nous examinons.

Et fuppofé mefme que le Concile de Trente n'euft point efté obligé de s'affembler pour condamner l'herefie de Caluin, ou que Caluin n'euft iamais fouftenu cette erreur, il eft indubitable que l'anatheme des SS. Peres, contre celuy qui dit, ou qui dira, que le precepte diuin eft parfois impoffible à l'homme iufte dans le temps qu'il eft obligé de le garder, fubfiftoit deflors en fa force contre tous ceux qui auroient pû dire & fouftenir auec Monfieur Arnauld, que la grace fans laquelle on ne peut rien, manque parfois au iufte dans le temps qu'il eft obligé de garder le precepte.

Mais ie dis plus, & ie fouftiens que la nouuelle propofition de Monfieur Arnauld fe trouue frapée de trois anathemes; le premier eft celuy des faints Peres, ou de la tradition de l'Eglife rapporté hiftoriquement par le Concile de Trente; le fecond eft celuy de ce Concile, car il rafraifchit l'ancien anatheme des faints Peres; le troifiéme eft celuy d'Innocent X. qui le renouuelle encore, quand il dit dans fa Bulle que la premiere propofition *a defia efté frapée d'anatheme*, fçauoir eft par la tradition de l'Eglife, ou par la doctrine des faints Peres, dont le Concile nous en fait le rapport; & par ce mefme Concile entant qu'il renouuelle cet anatheme pour le rendre plus aggrauant; de maniere que les deux paroles, fçauoir eft *la volonté & l'effort*, que Ianfenius auoit aioûtées à la propofition condamnée par les faints Peres, & que Monfieur Arnauld a retranchées de la fienne qu'on examine en Sorbonne, font bien que la propofition de Ianfenius eft plus criminelle que celle de Monfieur Arnauld, mais le retranchement de ces deux termes dans la propofition de Monfieur Arnauld, ne fait pas qu'elle ne foit toufiours vne propofition heretique, & condamnée par l'ancienne tradition des faints Peres au rapport du faint Concile de Trente.

Iam anathemate damnatam.

Volentibus & conantibus.

La troisiéme chose qu'on doit considerer dans le mesme chapitre 11. est qu'il allegue la raison pour laquelle les preceptes diuins ne peuuent estre impossibles à l'homme iuste, & qu'il la fonde sur deux colomnes ou deux preuues qu'il iuge inébranlables; il tire la premiere de la sainte Ecriture & des Conciles, où il est dit *que les preceptes diuins ne sont pas pesans, que le ioug de Iesus-Christ est suaue, & que sa charge est legere; parce,* dit-il, *que ceux qui sont enfans de Dieu aiment Iesus-Christ, & ceux qui l'aiment, comme il a dit luy-mesme, gardent ses preceptes, ce qu'ils peuuent faire & accomplir auec l'aide de la grace.*

Il tire la seconde de saint Augustin & de saint Prosper, pour monstrer que le iuste peut s'il veut accomplir le precepte, parce, dit ce Concile, que *Dieu n'abandonne iamais ceux qu'il a vne fois iustifiez, si premierement ils ne l'abandonnent par leur peché.*

Donc comme il est indubitable dans ce Concile, que Dieu n'abandonne iamais le iuste, si le iuste ne l'abandonne premierement, il s'ensuit par vne raison opposée, que quiconque dit que *Dieu manque de donner au iuste, la grace sans laquelle on ne peut rien, dans le temps mesme qu'il est obligé de garder le precepte,* fait & auance vne proposition fausse, heretique & condamnée par les saints Peres, par ce Concile & par Innocent X. C'est ce qu'a fait M. Arnauld dans sa proposition, que les Examinateurs ont tres-sagement iugée heretique, comme condamnée par la tradition des saints Peres, par le saint Concile de Trente, & par la Bulle d'Innocent X. lors qu'il a condamné la premiere des cinq Propositions censurées, comme ayant desia esté frapée d'anatheme.

Le surplus du mesme chapitre cy-dessus allegué, est employé pour combatre l'heresie de Caluin, qui disoit *que le iuste pechoit en toutes ses bonnes œuures au moins veniellement,* qui est ce que disent encore quelques Iansenistes, quand ils mettent en fait, qu'entre tous

Trident. sess. 6. cap. 11. Cuius mandata grauia non sunt, cuius iugum suaue est, & onus leue; qui enim sunt filij Dei, Christum diligunt; qui autem diligunt eum, vt ipsemet testatur, seruant sermones eius, quod vtique cum diuino auxilio præstare possunt.

Deus namque sua gratia semel iustificatos non deserit, nisi ab eis priùs deseratur.

Trident. ibid. Iustum in omni bono opere, saltem venialiter peccare.

les iuſtes il n'y en a pas vn qui accompliſſe le precepte de la dilection diuine, ainſi que nous l'auons remarqué dans *la Refutation des principes de Ianſenius.*

Il eſt donc euident que ſuppoſé meſme que le Canon 18. du Concile de Trente, qui fulmine *anatheme contre celuy qui dira que les preceptes diuins ſont impoſsibles à l'homme iuſte & en eſtat de grace,* ne fuſt relatif qu'à l'hereſie de Caluin : (ce qui n'eſt pas veritable, car il eſt encore relatif à l'ancien anatheme des ſaints Peres renouuellé dans ce Concile) il eſt dis-ie euident que la propoſition nouuelle de Monſieur Arnauld eſt toûiours cenſurée par l'anatheme des ſaints Peres, rafraiſchy & renouuellé par le Concile de Trente, & par la Bulle d'Innocent X.

Le ſecond point que nous auons à prouuer contre Monſieur Arnauld quand il dit que ſa propoſition n'eſt pas de luy, mais des ſaints Peres, nous oblige de luy dire deux choſes; la premiere eſt, que le Concile de Trente nous enſeigne le contraire de ce qu'il dit dans ſon Ecrit, lors que les Peres de ce Concile nous diſent, que *quiconque dira que les preceptes ſont impoſsibles à l'homme iuſte, eſt frapé d'anatheme par l'ancienne doctrine des ſaints Peres.*

Ie ſçay bien que ce Docteur nous marque dans ſon Ecrit, que ſa propoſition eſt la doctrine des ſaints Peres, mais ie ſçay bien auſſi que le Concile de Trente nous dit tout le contraire : Et parce que dans les choſes de la foy, il eſt neceſſaire à tout fidele de preferer ce que dit vn Concile Oecumenique, à ce que dit vn Docteur particulier, ſoupçonné & accuſé dans ſa foy par les Docteurs de la Sacrée Faculté de Theologie, & meſme condamné d'hereſie par l'auis de ſes Examinateurs, ie le prie de nous diſpenſer de le croire pour cette fois, & de ne nous point obliger à preferer ſon ſentiment à celuy du ſaint Concile de Trente.

La ſeconde eſt, que Monſieur Arnauld pour monſtrer que ſa nouuelle propoſition qui concerne la foy, eſt

eſta-

Ibid. Can. 18. Si quis dixerit Dei præcepta homini etiam iuſtificato, & ſub gratia conſtituto, eſſe ad obſeruandum impoſſibilia, anathema ſit.

establie comme il dit dans l'Euangile & attestée par les
saints Peres, est obligé de nous la lire dans l'Euangile
& dans les saints Peres des douze premiers siecles, dans
le mesme sens & dans les mesmes termes qu'elle est
conceuë dans sa *Lettre.*

Cette regle ou cette maniere de preuue, à laquelle
Monsieur Arnauld est obligé de se reduire dans le fait
dont il s'agit à present, est d'autant plus certaine entre
luy & nous, qu'elle est establie par saint Augustin: Si
donc il en est le *Disciple*, comme il le publie si haute-
ment dans tous ses liures, il ne peut pas la reietter sans
se condamner soy-mesme, & renoncer publiquement
à la doctrine de son maistre.

Or comme ce saint Pere disputant contre les Dona-
tistes, qui pretendoient que leurs fausses & nouuelles
maximes estoient de la sainte Escriture, ne leur disoit
autre chose pour les conuaincre dans leur erreur, sinon
qu'ils eussent à les lire, & à les luy monstrer dans les
saintes Escritures: *Lisez-nous,* leur dit-il, *dans la sainte
Escriture les maximes ou les propositions que vous auez auan-
cées, & pour lors nous vous donnerons les mains, & ne resisterons plus aux choses que vous dites.*

Ainsi ie dis à Monsieur Arnauld sur le pied de cette
Regle magistrale & infaillible contre toutes les nou-
ueautez, qui peuuent suruenir dans la Foy de la part des
Errans, *Lisez-nous dans l'Euangile & dans les Peres des
douze premiers siecles,* la proposition de vostre *seconde
Lettre,* dans le mesme sens & dans les mesmes termes
qu'elle est conceuë dans vostre *Lettre,* & pour lors nous
ne vous resisterons plus; car de nous citer vn Scholasti-
que, qui paroissoit il y a cent ans, & des écrits duquel
on a interdit la lecture, ce n'est pas s'acquiter de sa pro-
messe.

I'ay dit en mesme sens & en mesmes termes, sans ad-
dition, sans diminution & sans changement, parce
qu'en matiere de Foy celuy qui sous ce beau pretexte
de l'Euangile, & des Peres des douze premiers siecles,

B

reut introduire vne nouueauté dans l'Eglise, est obligé
à cette rigueur pour iustifier son entreprise; car c'est
ainsi que nous combatons les Caluinistes, & tous les
autres Heretiques.

Mais ie soustiens qu'il est absolument impossible à
Monsieur Arnauld, de nous faire lire dans l'Euangile
ny dans les liures des anciens Peres, en mesme sens & en
mesmes termes, la proposition qu'il auance; Supposé
donc que ie reçoiue tous les textes qu'il allegue pour se
iustifier, sans mesme les examiner ny les expliquer, ie
maintiens qu'il n'y en a pas vn seul dans lequel il nous
puisse faire lire sa proposition nouuelle dans le mesme
sens, & dans les mesmes termes qu'elle est conceuë
dans sa *Lettre.*

Car il y a bien de la difference dans la maniere de
prouuer qu'vne proposition est vraye ou Catholique,
& de prouuer qu'vne autre proposition est fausse ou heretique. Pour faire qu'vne proposition indiuiduelle soit
vraye ou Catholique, il faut qu'elle soit telle en son
sens & en ses termes, & qu'elle n'ait aucun defaut (selon cette grande maxime qui nous enseigne, que *le
bien demande l'integrité de ses causes*) & qu'aucune per-
fection requise pour la rendre vraye ou Catholique en
sa substance, ne luy defaille.

Mais pour monstrer qu'vne proposition est heretique
ou fausse, il suffit qu'elle soit defectueuse en son sens
ou en ses termes, ou dans le changement de quelques
termes essentiels, puisque *le moindre defaut suffit pour
rendre vne chose mauuaise;* de là vient aussi qu'il faut vne
plus grande rigueur pour monstrer qu'vne proposition
est Catholique, que pour monstrer qu'vne proposition
est Heretique.

C'est aussi pour cela qu'il est tres-facile de monstrer
par la Regle de saint Augustin, que la nouuelle proposition de Monsieur Arnauld est heretique, par le dé-
faut essentiel qui est en elle, & par le manque de la
condition sous laquelle Monsieur Arnauld nous la pro-

sente, quand il la dit estre *establie par l'Euangile & attestée par les saints Peres* : Et comme il ne peut pas mesme nous la faire lire en mesme sens & en mesmes termes, dans saint Chrysostome, qui est celuy sur lequel il faisoit tout son fort, & moins encore dans saint Augustin, & dans tous les autres Peres de l'Eglise, nous disons deux choses qui sont indubitables.

La premiere est, que la proposition de M. Arnauld n'est ny de l'Euangile ny des saints Peres, puisqu'il ne peut pas nous la faire lire dans l'Euangile ny dans les saints Peres; & qu'ainsi elle ne peut proprement appartenir qu'à M. Arnauld, d'autant plus coupable dans cette nouueauté, qu'il choque ouuertement la doctrine des anciens Peres, le saint Concile de Trente, & la Bulle d'Innocent X. au sens que nous l'auons expliqué cy-dessus.

La seconde est, que sa proposition a tres-iustement esté iugée heretique, par les Examinateurs de la Faculté deputez pour la censure de cette Lettre, puisque leur Iugement est conforme à ce que nous en a dit cy-dessus le saint Concile de Trente.

Et quant aux passages de S. Chrysostome, outre que Monsieur Arnauld ne nous lit point sa proposition dans aucun des textes de ce Pere, dans le mesme sens & dans les mesmes termes qu'elle est conceuë dans sa *Lettre*; C'est qu'il abuse de la doctrine de ce Pere. Car si nous demandons à S. Chrysostome pourquoy S. Pierre estoit delaissé à soy-mesme, il nous dira que c'est à cause de ses pechez precedens, qu'il dit estre des *crimes, le premier d'auoir contredit & resisté à Iesus-Christ; le second de s'estre preferé à tous les autres Apostres; & le troisiéme* qu'il *dit n'estre pas vn crime leger*, est qu'il attribuoit à *ses propres forces le total de cette entreprise, qui estoit de mourir pour Iesus-Christ. Donc pour remedier à toutes ces playes, Iesus-Christ permit qu'il tombast.*

Et quand il nous rend la raison pour laquelle saint Pierre fut delaissé, il nous dit que *son arrogance & sa*

Chrysost. ibid.
Puto autem ambitione quoque aliqua, & iactantia in ea verba Petrum lapsum fuisse; Nā & in ipsa cœna quisnam inter eos maior esset disceptabant, adeò inanis gloriæ passio animos adhuc eorum turbabat.
Magnum profectò dogma hinc discimus, quia videlicet nullo modo hominis voluntas sufficit, nisi auxilio superiori roboretur; Et quia nihil lucrari poterimus à superiori patrocinio, si voluntas nostra repugnat, quorum alterum Petrus, alterum Iudas cōfirmat.
Credamus itaque vbique Deo, nec repugnemus ei.

Idem homil. 67. *in Ioann. in hac verba*, non potuerunt credere.
Non potuerunt autem, hoc est noluerunt;
Ita nonnumquam potestate pro voluntate vtitur.
Ibidem.
Si mutabit Æthiops pellem suā, & populus hic poterit benè facere.

dureté opiniaſtre à contredire & à reſiſter à I. C. en furent la cauſe; mais reſiſter à I. C. n'eſt-ce point reſiſter à la grace, & meriter qu'on ſoit priué de ſon puiſſant ſecours? Et d'ailleurs (dit ce S. Pere) *I'eſtime que la cheute de S. Pierre, lors qu'il diſoit à I. C. que quand meſme il deuroit mourir pour luy, il ne le renieroit point, procedoit de quelque ambition de ce diſciple, de ſa vanterie & de la preſomption de ſoy-meſme; Car dans le dernier ſouper que les Apoſtres firent auec leur maiſtre, ils conteſtoient entre eux quel ſeroit le plus grand, tant la paſſion de la vaine gloire troubloit encore l'eſprit de ces diſciples.*

Ce S. Pere donc conſiderant la vaine preſomption de S. Pierre, qui ne ſe confioit qu'en ſoy-meſme, & en ſes propres forces, fait cette reflexion; *Delà*, dit-il, *nous apprenons vne verité tres-importante qui nous enſeigne deux choſes. La premiere eſt, que la volonté humaine ne ſuffit pas de ſoy, ſi elle n'eſt fortifiée du ſecours diuin: La ſeconde, que ce meſme ſecours diuin nous eſt rendu inutile, & ſans fruit, lors que noſtre volonté luy reſiſte. La premiere nous eſt confirmée par S. Pierre, la ſeconde par Iudas. Croyons donc*, dit-il, *à Dieu en toutes choſes, & ne luy reſiſtons iamais.* Or S. Pierre auoit reſiſté non ſeulement à la grace par ſes paroles arrogantes, & par la vaine preſomption qu'il auoit en ſes ſeules forces; mais encore à I. C. l'auteur de la grace, ainſi que S. Chryſoſtome le dit tant de fois; ce que Monſieur Arnauld a ſagement diſſimulé.

Que ſi nous demādons encore à ce S. Pere ce que veulent ſignifier ces termes, *il ne peut, ils ne peuuent*, dans la ſainte Eſcriture, & partant dans les Peres qui en imitent le langage; il nous dira parlant des Iuifs, dont il eſt eſcrit *qu'ils ne pouuoient croire*, que *la raiſon pour laquelle ils n'ont pû croire eſt parce qu'ils ne l'ont pas voulu*; d'où vient dit-il *que l'Eſcriture employe aſſez ſouuent le mòt de puiſſance pour celuy de volonté.*

Puis expliquant le paſſage d'vn Prophete touchant le peuple Iuif, où il eſt dit que *ſi l'Ethiopien* ou le Negre *peut deuenir blanc, ce peuple pourra faire le bien. Obſeruez*, dit

S. Chryſoſtome, que *le Prophete ne dit pas qu'il ſoit im-*
poſſible à ce peuple de faire le bien ; mais parce qu'ils ne veu-
lent pas, ils ne peuuent pas ; donc ils le pourroient s'ils
vouloient.

    Et aprés qu'il a dit que *Dieu ne nous delaiſſe iamais*
qu'à cauſe de noſtre peché, & que nous ſommes à nous meſmes
les auteurs de noſtre perte, tant s'en faut, adiouſte-t-il, que
Dieu nous veuille delaiſſer, & nous punir, qu'au contraire au-
tant de fois qu'il nous punit, il nous punit contre ſon gré. Donc
s'il a delaiſſé S. Pierre ſon Diſciple, il l'a delaiſſé contre ſon propre gré, & à cauſe du peché precedent de
ce Diſciple, pour le rendre plus ſage & plus humble
à l'auenir.

    Mais remarquez que S. Chryſoſtome n'a point dit
que S. Pierre fut deſtitué de tout pouuoir de faire le
bien ; au contraire pour nous monſtrer qu'il auoit ce
pouuoir, *Il deuoit,* dit-il, *proferer ces paroles, Seigneur aſſi-*
ſtez nous de voſtre aide, afin que nous ne ſoyons point ſcanda-
liſez ; mais au lieu de luy parler de la ſorte, il luy dit, quand
meſme tous les autres ſeroient ſcandaliſez, ie ne ſeray point
ſcandaliſé. Donc S. Pierre auoit le pouuoir d'implorer
ce ſecours ; donc il reietta cette grace de pouuoir, au
lieu de s'en ſeruir vtilement, & *dire à I. C.* (comme ce S.
Pere le remarque) *aidez moy Seigneur de voſtre protection*
& de voſtre ſecours, & pour lors ie ne vous nieray point.

    Cependant Monſieur Arnauld qui a veu & leu ces
homelies, veut qu'il n'y ait eu aucune grace *de pouuoir*
en S. Pierre ſelon S. Chryſoſtome ; Ce qui eſt tres-faux,
puiſque ce S. Pere en nous marquant le deuoir de S.
Pierre, nous marque quant & quant ſon pouuoir ; &
qu'en la perſonne des Iuifs il attribuë leur impuiſſance
à croire, non pas à leur manque de pouuoir, mais au
refus de leur maligne volonté.

    Aprés tout, ſi S. Chryſoſtome attribuë le peché de
S. Pierre à ſon arrogance, & à la preſomption qu'il a-
uoit *d'attribuer le total à ſes propres forces ;* car il dit que ce
Diſciple *preſumant par trop de ſoy-meſme repliqua à Ieſus-*
Chriſt, & luy dit, ie ſeray le ſeul d'entre tous vos Diſciples qui

Non dicit quòd impoſſibile ſit ei bene operari, ſed quia nolunt, ideò non poſſunt. Hæc autem dicit, vt noſtra cauſa deſeri nos, & nobis ipſis perditionis noſtræ auctores demonſtret ; Deus autem non modò nos non derelinquere & punire vult, ſed quoties punit, inuitus punit. *Chryſoſt. homil.* 85. *in Matth.* Cùm dicendum eſſet, opem nobis feras ne ſcandaliſemur, è contrario nimium ſibi arrogans inquit, Etſi omnes ſcandaliſati fuerint in te, tamen ego non ſcandaliſabor.

Cùm dicere debuiſſet, patrocinio tuo iuuabis.

Chryſoſt. ibid. Nam cōtrà totum ſibi attribuebat.

ne souffriray point ce scandale. Ce qui fait adiouster à S. Chrysostome, *que cette mauuaise façon d'agir en S. Pierre le portoit peu à peu à ce crime si enorme & si effroyable d'insolence, que Iesus-C. pour le reprimer, voyant qu'il n'auoit point obeï ny à la voix du Prophete Zacharie, ny à la sienne mesme, permit qu'il tombast dans le reniement de son nom.*

S. Augustin est aussi dans la mesme pensée, quand il a dit tãt de fois que S. Pierre estoit tombé, *pour s'estre confié à ses propres forces & à son seul libre arbitre, independamment de la grace,* ainsi que ie l'ay prouué si clairement dans ma *Response à la 2. Lettre de Monsieur Arnauld,* par vn bon nombre de textes que i'ay alleguez de ce S. Pere sur ce suiet. Il dit mesme que *S. Pierre n'auoit pas la charité, lors que par la crainte qu'il auoit de mourir, il renia son maistre:* Donc il n'estoit pas iuste.

Le dernier point que nous auons à toucher, regarde les dangereuses consequences qui pouuant naistre de la nouuelle proposition de Monsieur Arnauld, la rendent pareillement condamnable. Car si la proposition, par laquelle il auance *que la grace sans laquelle on ne peut rien, manque au iuste, dans le temps qu'il est obligé de garder le precepte,* est vne proposition catholique, il s'ensuit que les iustes ne pechent iamais, que parce que Dieu les abandonne, & les laisse tomber sans aucun peché precedent.

Ie le prouue par Monsieur Arnauld, car il ne reconnoist qu'*vne seule grace efficace par elle mesme, qui obtient tousiours l'effect pour lequel elle est donnée:* Donc tant & si long temps que le iuste sera assisté de cette *grace efficace,* il operera tousiours le bien & ne pechera iamais: Mais s'il en est priué lors qu'il doit accomplir vn precepte (ce qui arriue necessairement en la personne du iuste qui tombe dans le peché, selon les principes de la 2. *Lettre* de Monsieur Arnauld,) il faut pour lors qu'il tombe & qu'il peche: donc tous les iustes qui pechent, ne pechent que parceque Dieu les delaisse sans aucun suiet de leur part, puisqu'ils ne pechent qu'entant que Dieu les delaisse par le refus de sa grace.

Quel sera donc le fruit de cette belle doctrine? Que
produira-t-elle autre chose qu'vn desespoir dans les a-
mes timides, qui raisonneront ainsi; Où est la ferme
esperance de mon salut à laquelle la foy m'oblige dans
le sacré Concile de Trente, puisque quelque chose
que ie fasse pour bien viure, Dieu sans aucun suiet de
ma part & sans aucun peché actuel precedent, retire-
ra peut-estre son secours, & me laissera tomber dans
le peché, & du peché dans la damnation eternelle;
d'où naist le desespoir du salut?

Mais que produira-t-elle dans les ames reso-
luës & hardies, autre chose qu'vne insensibilité dans
les choses de leur salut, vn pur libertinage, & vne im-
penitence de leurs crimes? Car ils raisonneront en cette sorte: Pourquoy m'affliger de mes pechez, puisque
par le delaissement de Dieu, qui m'arriuera sans aucun suiet de ma part, & par la soustraction de sa grace *sans laquelle ie ne puis rien*, il m'est impossible de l'é-
uiter? Ie dois donc attendre le secours efficace de sa
grace, puisque ie ne puis pas me disposer à la receuoir
par vne grace *suffisante*, qui me donne au moins ce *pouuoir*, car Monsieur Arnauld la condamne comme heretique, & comme vn monstre formé non pas dans le
Ciel des estoilles, mais dans le Ciel empyrée.

Que feray-ie donc dans cette presse? ie laisseray agir
Dieu sur moy, quand il voudra & comme il luy plaira:
s'il me donne sa grace, ie feray necessairement le bien,
& feray sauué, car personne ne luy resiste, & ne la
reiette iamais: s'il me l'oste sans aucun suiet de ma
part, ie tomberay dans le peché, ie suiuray les voyes
de mes propres appetits, & feray damné comme les
autres: Laissons donc à Dieu la conduite de ces choses,
& n'ayons soin que des plaisirs de la vie.

Voila l'estat auquel la nouuelle & pernicieuse maxime de Monsieur Arnauld est capable de conduire les
ames, si ce n'est qu'en se retractant, par vne pro-
fession publique & sincere, il condamne luy mesme

en sa *2. Lettre*, cette maudite proposition tant de fois fulminée par les anathemes de l'Eglise.

Ie ne dis rien de la proposition qui regarde le *fait*, & qu'on examine en Sorbonne, parce qu'ayant fait voir dans ma *Response à la seconde Lettre de Monsieur Arnauld*, que *les cinq propositions censurées sont de Iansenius*, & les ayant extraites moy-mesme des textes de cet Auteur, selon les liures & les chapitres qui m'auoient esté indiquez par les Iansenistes dans quelques-vns de leurs Libelles, la chose doit estre maintenant decidée, & demeurer sans controuerse entre eux & nous, puisqu'on ne peut pas démentir ses yeux à la veuë d'vne chose si claire.

Encore faut-il que ie dise que ie n'estime pas que Monsieur Arnauld soit assez bien instruit du mauuais bruit, que le scandale inouy de quelques-vns de ses partisans, qui s'efforcent de le defendre dans la Compagnie de Sorbonne, respand dans l'esprit de tous les sages & dans le peuple de Paris. Ce qui est si preiudiciable à l'estime que Monsieur Arnauld veut qu'on ait de sa foy, & de sa sincere soumission à l'Eglise, qu'on dit tout haut dans les meilleures familles, que la cabale & la faction de quelques Docteurs Iansenistes, & leur insolent procedé qui se passe mesme à la veuë des Euesques, est vne marque euidente de leur opiniastreté endurcie; & que cette opiniastreté factieuse qui se sert de toutes voyes deuës & induës, pour mandier les suffrages de quelques vns de leurs Confreres, est comme le dernier seau de l'heresie.

Si mes amis ne m'auoient comme arraché d'entre les mains cette Response à demy ébauchée, pour la donner au Public, i'aurois pû refuter facilement le surplus de ce que dit Monsieur Arnauld pour sa defense, & faire voir clairement, qu'il ne iouë dans son Escrit que le personnage d'vn Sophiste.

F I N.